Tarántulas Goliat

Claire Archer

www.abdopublishing.com

Published by Abdo Kids, a division of ABDO, PO Box 398166, Minneapolis, Minnesota 55439.

Copyright © 2015 by Abdo Consulting Group, Inc. International copyrights reserved in all countries. No part of this book may be reproduced in any form without written permission from the publisher.

Printed in the United States of America, North Mankato, Minnesota.

072014

092014

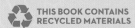
THIS BOOK CONTAINS
RECYCLED MATERIALS

Spanish Translators: Maria Reyes-Wrede, Maria Puchol

Photo Credits: Animals Animals, Glow Images, Minden Pictures, Science Source, Shutterstock, © nikoretro p. 5/ CC-BY-SA-2.0

Production Contributors: Teddy Borth, Jennie Forsberg, Grace Hansen

Design Contributors: Candice Keimig, Laura Rask, Dorothy Toth

Library of Congress Control Number: 2014938968

Cataloging-in-Publication Data

Archer, Claire.

[Bird-eating spiders. Spanish]

Tarántulas Goliat / Claire Archer.

   p. cm. -- (Arañas)

ISBN 978-1-62970-365-7 (lib. bdg.)

Includes bibliographical references and index.

1. Bird-eating spiders--Juvenile literature. 2. Spanish language materials—Juvenile literature. I. Title.

595.4--dc23

                    2014938968

Contenido

Tarántulas Goliat

Las tarántulas Goliat viven

en zonas pantanosas.

También viven en bosques.

4

Normalmente las tarántulas Goliat viven en **madrigueras**. Algunas viven debajo de plantas o ramas.

7

La araña Goliat es un tipo de tarántula. Las **tarántulas** son arañas grandes.

La araña más grande del mundo es una tarántula Goliat. Se llama la araña Goliat come pájaros.

11

Las arañas Goliat tienen

ocho patas y ocho ojos.

Sus cuerpos son muy peludos.

13

Estas arañas son normalmente de color café o negro. Algunas son de colores vivos.

Alimentación

Las arañas Goliat a veces comen pájaros. De ahí viene su nombre.

Es **raro** que las arañas Goliat coman pájaros. Comen insectos y otras arañas. También comen ranas, lagartijas y serpientes.

19

Crías de tarántulas Goliat

Las hembras ponen huevos.
Las crías generalmente se
quedan cerca de la madre
después de salir de los huevos.
Al poco tiempo viven solas.

20

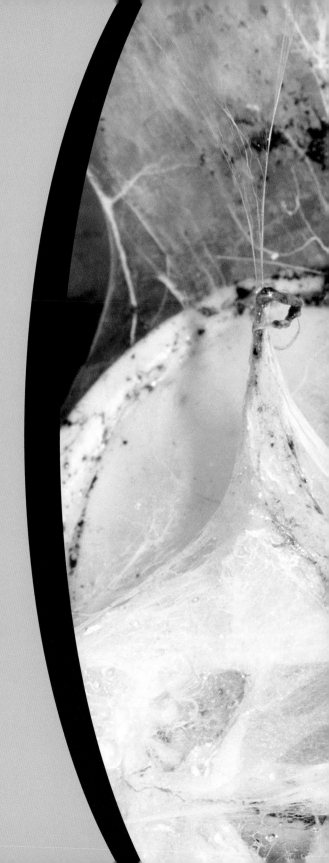

Más datos

- Las hembras de las tarántulas Goliat pueden vivir 25 años.

- Las tarántulas Goliat no ven bien. Por eso no dependen de su visión para cazar.

- Las arañas Goliat se guían por las vibraciones que sienten para cazar.

- Una forma de defensa de la araña Goliat es golpear a su **depredador** con sus pelos. Los pelos le irritan la piel o los ojos.

Glosario

depredador – animal que come otros animales para subsistir.

madriguera – lugar bajo tierra que construyen los animales para vivir.

pantanoso – donde hay pantanos. Un pantano es una zona inundada de agua, con árboles y otras plantas.

raro – no común.

tarántula – araña grande y peluda.

Índice

abdokids.com

¡Usa este código para entrar a abdokids.com y tener acceso a juegos, arte, videos y mucho más!

Código Abdo Kids:
SBK0717